# La mentalidad para atraer el dinero

*Deja de manifestar lo que no quieres y cambia tu mente subconsciente hacia el dinero y la abundancia*

*Ley de la atracción - libros cortos, libro 1*

Elena G. Rivers

Copyright © Elena G. Rivers 2020 - Todos los derechos reservados

**ISBN:** 9798512406182

Todos los derechos reservados. Ninguna parte de esta publicación puede ser reproducida, almacenada en un sistema de recuperación o transmitida de ninguna forma o por ningún medio, ya sea electrónico, mecánico, de fotocopia, de grabación o de otro tipo, sin el permiso previo por escrito del autor y de los editores.

El escaneo, la difusión y la distribución de este libro a través de Internet o por cualquier otro medio sin el permiso del autor es ilegal y está penado por la ley. Por favor, compre solo ediciones electrónicas autorizadas, y no participe ni fomente la piratería electrónica de materiales con derechos de autor.

**Aviso legal:**

Este libro está protegido por derechos de autor. Es solo para uso personal.

**Aviso de exención de responsabilidad:**

Tenga en cuenta que la información contenida en este documento tiene únicamente fines educativos y de entretenimiento. Se ha hecho todo lo posible para proporcionar información precisa, actualizada y completamente fiable. No se ofrecen garantías de ningún tipo, ni expresas ni implícitas.

Los lectores reconocen que el autor no se dedica a prestar asesoramiento legal, financiero, sanitario, médico o profesional. Al leer este documento, el lector acepta que bajo ninguna circunstancia somos responsables de cualquier pérdida, directa o indirecta, que se produzca como resultado del uso de la información contenida en este documento, incluyendo, pero no limitándose a errores, omisiones o inexactitudes.

Table de Contenido:

¿Estás listo para transformar tu mentalidad para atraer el dinero? .......... 5

Capítulo 1: ¿Qué se sentiría al ser rico? .14

Capítulo 2: Por qué sentirse más positivo NO es suficiente para manifestar más dinero en tu vida ................................... 31

Capítulo 3: Por qué necesitas entrenar tu mente para que trabaje a tu favor y no en tu contra ............................................... 69

Capítulo 4: El marketing de las 5 dimensiones y la gente que cree en el dinero espiritual - cómo los gurús de la ley de la atracción realmente hacen su dinero y lo que no quieren que sepas ..... 77

Palabras finales .................................. 96

Alinéate con el servicio a los demás ..... 101

# ¿Estás listo para transformar tu mentalidad para atraer el dinero?

*El dinero no crece en los árboles. ¿Quién te crees que eres? ¡No seas tan codicioso!*

*¡Establecer metas financieras no es espiritual!*

*Todos los ricos están tristes y son poco saludables.*

*¿De qué sirve ganar más dinero si hay que pagar más impuestos?*

*Ganar más dinero me quitará tiempo y libertad. Ganar dinero es solo para gente inmoral y codiciosa.*

*Si empiezas a ganar más dinero, perderás a todos tus amigos.*

*Ganar dinero es peligroso, ya que si te haces rico todo el mundo querrá quitártelo.*

*Ganar dinero es una molestia, ¿quién quiere eso?*

Las creencias limitantes mencionadas anteriormente son solamente una parte del problema, y si has cogido este libro, lo más probable es que ya estés familiarizado con la mayoría de ellas, si no con todas.

Incluso diría que eres consciente del hecho de que estas creencias existen en la mente de muchas personas. Tal vez, también existen en tu propia mente. Sin embargo, debido a que estás leyendo este libro, diría que quieres atraer más dinero y abundancia a tu vida.

No importa en qué etapa de tu viaje te encuentres, este libro te ayudará. ¿Cómo? Bueno, mediante un sistema muy simple. Te dará las herramientas para profundizar, para que puedas hacerte amigo de tu mente subconsciente y tomar conciencia de los patrones negativos que te impiden manifestar más dinero en tu vida. Ya sea a través del crecimiento de tu negocio, un cambio de trabajo u otras fuentes.

Mi intención contigo es darte las herramientas para experimentar un alivio profundo y libertad emocional. En este libro no te atacaremos ni te avergonzaremos. Ese no es mi objetivo; aunque algunas partes de este libro pueden parecer muy honestas y directas. Todos tenemos traumas emocionales y patrones negativos que nos impiden alcanzar el siguiente nivel en nuestras vidas. Estos patrones suelen apoderarse de nuestra libertad.

Incluso las personas ricas pueden cargar con algunos de estos patrones negativos; lo que explica por qué algunas personas se quedan estancadas en un determinado nivel de ingresos. En cambio, otros pueden duplicar, triplicar o cuadruplicar fácilmente su riqueza.

No hay que juzgar a nadie. Personalmente, mi problema era que me quedaba estancada en el mismo nivel de ingresos. Incluso cuando trabajaba más y más duro (como propietaria de un negocio) mientras invertía en mi educación (desarrollo personal, ventas y marketing), algo me frenaba o me hacía sabotearme a mí misma.

Algunas personas experimentan bloqueos similares que les hacen manifestar lo que no quieren.

Bueno amigos míos, ¡es hora de dar rienda suelta a la libertad, la paz y la abundancia! ¡Es seguro para ti crecer, es seguro para ti hacer más dinero, y es seguro para ti lograr tus sueños!

¡Nunca te avergüences de quién eres y controla siempre tu mente!

Desgraciadamente, cuando somos niños, no tenemos ni idea de cómo controlar nuestra mente ni de qué información alojar en ella. A menos que hayas nacido en una familia de psíquicos espirituales, ¡los cuales también resultaron ser empresarios ricos!

Lo creas o no, tengo un amigo que nació en una familia así, y lo que comparto en este libro es algo normal para él, lo sabía desde que tenía 7 años. ¡De veras!

Pero la mayoría de nosotros cuando volvemos a nuestra infancia, ¿qué vemos? Tal vez mamá y papá necesitan hablar a solas. Y tú estás ahí en las escaleras, curioso por ver lo que está pasando. Los susurros provenientes de las conversaciones a tu alrededor ¿hablaban de prosperidad y abundancia y de lo bien que iban las cosas?

Probablemente no, o por lo menos no en mi caso. No me malinterpreten, amo a mis padres, y no es su culpa que les hayan enseñado el mismo patrón y programa negativo.

Incluso diré esto: algunas personas de mi entorno me juzgarán por escribir este libro. ¡El libro tiene la palabra "dinero" en el título! Tal vez sea una estafa o un truco, ¡o quién sabe qué!

Ah, y mi prejuicio personal favorito: ¿cómo puede una mujer escribir un libro sobre el dinero? Me refiero a la mentalidad para atraer el dinero. Ni siquiera es un libro del tipo "cómo conseguir más ventas" o "cómo invertir". Es un libro de mentalidad cucú-cucú, y habla de algunas cosas del inconsciente.

No, no estoy prometiendo que este libro te hará ganar millones de la noche a la mañana. Lo único que puedo decirte es que lo leas y tomes notas (te recomiendo que lo leas varias veces). Abre tu mente a nuevas posibilidades.

Podrás deshacerte de los patrones negativos que te impiden crear un nivel más avanzado de abundancia en tu vida.

Quizás ya sabes qué hacer para ganar más dinero, pero simplemente no lo haces. Por alguna razón procrastinas. Tal vez invertiste en alguna capacitación de negocios costosa, y luego la dejaste.

Quizás querías pedir un aumento de sueldo, y no lo hiciste, o tal vez estabas hablando con ese posible cliente por teléfono, y por alguna razón, te sentiste mal por hacer una oferta. Tal vez te hayas descontado demasiado.

A veces, los bloqueos de dinero pueden manifestarse de otras maneras. Por ejemplo, te sientes cansado, o incluso manifiestas una enfermedad. Puede ser que tu mente subconsciente envíe señales a tu cuerpo para que te sientas mal y no seas capaz de pasar a la acción. Porque si tomas acción, podrías ganar más dinero y convertirte en una persona diferente.

Y, por alguna razón, tu mente subconsciente asocia el dinero con algo terrible, algo malo...

Una de mis amigas llevaba años queriendo lanzar su negocio paralelo, pero siempre tenía excusas y se sentía atascada. Ella procrastinaba y se sentía mal. Después de estudiar el material de este libro se dio cuenta de lo que la frenaba. Tenía miedo de que su negocio la hiciera ganar más dinero que su marido y que este la dejara por ese motivo.

Este descubrimiento salió directamente de su subconsciente, mientras meditaba después de leer este libro (más adelante te mostraré una forma muy práctica de meditar para ayudarte a "limpiar" todas las creencias negativas de tu mente).

Durante años no tenía ni idea, a pesar de que estaba trabajando con un coach o entrenador de vida y un terapeuta. Todos pensaban que era un problema de confianza o de motivación o que quizás no tenía ni idea de cómo comercializarse. Incluso tenía demasiado miedo de compartir sus ideas con su marido, porque en el fondo pensaba que le haría daño. ¿Puedes creerlo?

¡Pobrecita! Por suerte, ahora todo va bien. Lo que ocurrió es que después de cambiar su personalidad, pasó a la acción para poner en marcha su negocio paralelo.

Finalmente, pasar a la acción no fue un problema, simplemente le apetecía hacerlo. Disfrutaba con ello.

Por cierto, a su marido le encantó la idea. Con el tiempo, su empresa despegó y ahora la dirige junto a él, que se sintió muy aliviado de poder cambiar de profesión. Todo el mundo está contento.

He sido testigo de muchas transformaciones como la anterior. Y ni siquiera se trata de que una persona gane más dinero. Se trata de una transformación profunda y de liberar todos los patrones negativos que te impiden vivir tu vida al máximo.

Sea lo que sea que te haya pasado, no te preocupes. Sea cual sea tu origen, creo en ti, sé que puedes hacerlo.

Tal vez seas como yo, la primera persona de tu familia en tener una mentalidad para atraer el dinero y así poder crear más abundancia en su vida.

Es increíble. Estás rompiendo viejos patrones en tu familia y creando un nuevo camino para la nueva generación. ¡Estoy muy orgullosa de ti!

¡Nunca te sientas avergonzado por querer más dinero y abundancia! Este libro te mostrará cómo arreglar tu mentalidad, cambiar tu historia y convertirte en una nueva persona de forma natural. Esa nueva persona, llamémosla "Lector 2.0", tendrá una imagen de sí mismo completamente nueva.

Esa imagen propia nueva estará alineada con tu visión y lo que quieres en la vida. Lo que es difícil para ti ahora es simple, fácil y NORMAL para el Lector 2.0.

La mentalidad de la prosperidad es algo muy práctico que se puede aprender. ¡La repetición es la clave aquí! También debes permitirte mantener tu mente abierta. Deja ir los diferentes prejuicios que tengas.

Sé que puedes juzgarme a mí, a este libro e incluso a ti mismo. Y está bien. No te juzgues por juzgarte a ti mismo y por juzgar a los demás. Y no le temas al hecho de que puedas temerle a algo. Simplemente avanza con convicción y confianza.

¡Ahora es el momento de tomar algunas medidas significativas que ayuden a transformarte!

# Capítulo 1: ¿Qué se sentiría al ser rico?

*¿Pero si gano más dinero, entonces alguien lo tomará...?*

*Mi vida será más complicada.*

*Quizá tenga que convertirme en una persona más responsable.*

*¿Y qué pasa con mis amigos?*

*¿Y si asumen que siempre soy yo el que paga todo y que al final me quedaré sin dinero?*

*¿Y si hago una mala inversión y lo pierdo todo? ¿Y si alguien decide ir a por mí y demandarme por nada, solo para intentar quedarse con mi dinero?*

*¿Qué pasa con mi familia y mis amigos? ¿Y si no me aceptan o dejan de hablarme? Y, por último, como soy una persona espiritual, siento que ganar más dinero puede apartarme de ese camino.*

**Vergüenza, culpa y miedo. A nuestra mente le encantan los tres.**

A menos que hayas hecho un trabajo profundo de desarrollo personal desde que eras un niño, o que tus padres te hayan enseñado cómo funciona la mente humana, lo más probable es que tus pensamientos operen en torno a la vergüenza, la culpa o el miedo.

No sé la proporción exacta y no tengo ni idea de lo que está pasando en tu mente. Solamente soy bueno en la comprensión de los patrones y de cómo impulsan nuestros comportamientos.

Así que, si te falta dinero, o no puedes manifestar, crear o hacer más aunque trabajes duro, es por miedo, vergüenza o culpa.

Lo curioso es que no sabemos lo que no sabemos. Conscientemente, podemos pensar que estamos bien. Estamos aprendiendo, estamos creciendo y estamos fijando objetivos. Estamos bien. Ya formamos parte de ese pequeño porcentaje de personas que quieren dominar su mentalidad, porque sabemos que la mentalidad es fundamental.

Así que, aquí está el pequeño juego que puedes empezar a jugar con tu mente. Tendemos a centrarnos en lo negativo debido a la programación basada en el miedo. Todo lo que nos rodea está basado en el miedo.

Los seres humanos tomarán más acciones para evitar el dolor (nos impulsa el miedo al dolor o al castigo) que para obtener más placer (en nuestro caso, es dinero, riqueza, abundancia, ingresos, como quieras llamarlo).

Tony Robbins dijo una vez que para que pasemos a la acción, tiene que haber o desesperación extrema o inspiración extrema (estoy parafraseando sus palabras aquí, no es la cita exacta, pero ya sabes a lo que me refiero).

La mayoría de los mensajes de los que nos hemos empapado, tanto de niños como de adultos, están basados en el miedo, y ni siquiera nos hemos dado cuenta. Hasta ahora.

Los mensajes basados en el miedo o en el amor son algo que me apasiona, y me di cuenta de esto después de leer un libro de redacción llamado *Love-Based*

*Copywriting"* (Redacción de textos publicitarios basada en el amor) escrito por Michele PW (en realidad, es toda una serie basada en el amor sobre el marketing, la mentalidad y la redacción persuasiva en los negocios publicitarios también llamada copywriting en inglés, por si te interesa este tipo de cosas).

Experimenté un profundo despertar espiritual al leer ese libro. Sí. Un despertar espiritual después de leer un libro de negocios, escritura publicitaria y marketing. ¿Te lo imaginas?

Algunas personas experimentan un despertar espiritual después de tomar ayahuasca o trabajar con un chamán.

¡Y mi espíritu se despertó después de leer un libro de marketing! Es una historia real. Por cierto, conozco a algunos estudiantes de marketing que despertaron gracias a eso mismo: ¡estudiar marketing! ¿Por qué? Porque la mayoría de los mensajes de esta industria están basados en el miedo.

Cuando te das cuenta de cómo funciona esto, también entiendes cómo funciona el mundo, y eso te despierta. Quieres hacer algo diferente. Quieres hacer algo basado en el amor, algo que funcione a largo plazo y que ayude a otras personas (y a ti mismo) sin manipularlas, ni manipular sus miedos o inseguridades. Quieres convertirte en un creador consciente.

Entonces, todo funciona de la siguiente manera. Primero pregúntate sobre:

- Tus pensamientos (no te juzgues, solo sé consciente de ellos).
- Tus acciones y sus resultados: ¿has actuado por miedo o por amor y pasión?
- Todos los mensajes de marketing que ves: ¿apelan a tus miedos e inseguridades?
- Tu educación y tu infancia: ¿qué utilizaron tus padres para motivarte y educarte? ¿Tienes miedo al castigo?

Este mundo se mueve por el miedo. Es uno de nuestros instintos básicos después de todo. Nuestro cerebro se mueve por el miedo, y solo quiere protegernos para estar a salvo.

Volvamos a la era paleolítica. Para sobrevivir teníamos que formar parte de la tribu y el miedo nos protegería. Ahora estamos aquí, en el siglo XXI, todavía viviendo con miedo, temiéndole al miedo o temiéndole al hecho de temerle al miedo y sintiéndonos culpables por ello.

Por desgracia, la mayoría de las veces el miedo nos programa para la carencia y la pobreza e incluso si quieres emprender una acción consciente y significativa para salir de esa depresión, lo más probable es que tus pensamientos sigan alineados con tus miedos.

Tu mente funciona como un motor de búsqueda. Así que, si siempre estás pensando en tus miedos y en los peores escenarios, tu mente te mostrará aún más situaciones negativas. A tu mente le encantan esas "subidas de tono" negativas. *Toma, aquí hay una escena negativa más para ti, ¡sé que te encantan estas cosas!*

Durante aquel tiempo, estaba buscando trabajar con un mentor, y había escuchado muchas cosas buenas sobre él. Así que busqué su empresa en Google y añadí "historias de éxito" porque estaba buscando inspiración. Quería ver cómo otras personas se transformaban utilizando sus enseñanzas.

Al mismo tiempo, uno de mis amigos, que es un poco escéptico, buscó su nombre en Google y añadió "estafa". No hay nada malo en ello, puedes buscar en Google lo que quieras. Y sea lo que sea en lo que te centres, tu mente encontrará las pruebas para ello.

Así que, en mi caso, encontré información que afirmaba que la compañía y los programas son legítimos. Me inspiré en la gente que usaba esos programas y busqué más información. Sin embargo, mi amigo asumió que no era una compañía legítima y se obligó a demostrar que sus pensamientos eran correctos. Una vez más, no hay nada malo en ello. En algunos casos, es bueno ser escéptico, y no estoy diciendo que siempre debas creer a todo el mundo y lo que dicen.

Debes hacer tu debida diligencia. Sobre lo que quiero llamar tu atención es que tu mente es como un motor de búsqueda.

Digamos que trabajas en ventas, o que estás haciendo ventas para hacer crecer tu propio negocio. Si en tu mente asumes que te encanta hablar con la gente y que les haces un gran favor haciéndoles ofertas, siempre atraes a clientes grandes. Es normal para ti, tu mente te alineará con las pruebas y acciones que te harán la vida más fácil. Sin embargo, tu mente puede hacer que pienses así:

*¡Oh, no! ¿Y si me pongo al teléfono con ellos y al final comparto mi precio y me dicen que es demasiado?*

*¿Y si trabajamos juntos y no obtengo resultados?*

*¿Y si publican una crítica negativa sobre mí? Y si, y si...*

Y solo lo negativo.

Así que, a partir de ahora, cada vez que te sorprendas a ti mismo en esos "y si" negativos, acéptalos (no te juzgues por tenerlos). Coge un papel y escríbelos todos. Por ejemplo:

*¿Y si a la gente no le gusta mi libro?*

*¿Y si no les gusta mi forma de escribir?*

*¿Y si la gente piensa que es demasiado directa y honesta?*

Estoy intentando dar cabida a dos perfiles de lectores diferentes... habrá gente espiritual o creyentes de ley de la atracción, y también habrá dueños de negocios.

*¿Qué pasa si esas personas espirituales piensan que soy demasiado intensa como vendedora y hablo demasiado de dinero? Tal vez únicamente quieren que haga libros de corte de galletas sobre cómo manifestar ganar la lotería.*

*¿Y esa gente de negocios o de alto rendimiento? ¿Qué pasa si piensan que estoy demasiado loca?*

*Puede que vean mis otros libros de la serie de la ley de la atracción.*

*Oh Dios mío... ¿Y qué pasa si publican una reseña de una estrella sobre mi libro incluso sin leerlo y comprarlo solo porque no les gusta el título, o porque les ha provocado?*

*¿Les he ofendido?*

*Creo que no debería hacer esto. No debería estar compartiendo y escribiendo. ¿Quién soy yo?*

*Todo el mundo se reía de mí en el colegio. ¿Estoy a salvo? ¿Y si se ríen de mí?*

Estoy siendo transparente y compartiendo mi propio proceso de pensamiento. Lo he escrito todo. Por favor, haz lo mismo. Ya conoces mis cosas y mis pensamientos negativos (no te preocupes, no necesito saber los tuyos).

Sí, yo también tengo pensamientos negativos. Algunas personas piensan que si haces cualquier tipo de trabajo de espiritualidad (he escrito varios libros sobre espiritualidad) debes ser siempre feliz y positivo.

Una vez más, tengo otro pensamiento negativo:

*¿Y si pierdo a algunos de mis lectores? ¿Y si piensan que no soy lo suficientemente espiritual porque también tengo pensamientos negativos?*

Mantén la calma Elena. Es SOLO tu mente subconsciente. ¡Estamos limpiando y purgando!

Si tu mente siempre come comida rápida, comida procesada, azúcares y carbohidratos malísimos, y de repente quieres ir súper limpio y a base de plantas, habrá un período de desintoxicación. Y cuando te estás desintoxicando, se siente raro, incluso puede parecer que te estás enfermando. ¡Pero siempre valdrá la pena!

Bien, asumo que eres un buen lector y estudiante, y que ya has escrito tus miedos y pensamientos negativos.

Si aún no has hecho los deberes, estarás castigado (es una broma, estaba intentando tomarte el pelo con algunos mensajes basados en el miedo). Así que, ahora mismo vamos a ir a contracorriente porque en las enseñanzas del desarrollo personal y espiritual casi siempre nos dicen que nos centremos en lo positivo. Y estoy totalmente de acuerdo.

Pero antes de centrarnos en lo positivo, nos sienta muy bien deshacernos de lo negativo. Debo acotar que es difícil deshacerse de ello si no eres plenamente consciente de lo que son los pensamientos negativos en tu mente, y de lo que están tratando de protegerte.

Así que, una vez más, aunque estoy a favor de lo positivo, te animo a que escribas tus actuales pensamientos negativos basados en el miedo. Luego, coge otro papel y vuelve a escribirlos. Ahora, es el momento de usar tu mente de una manera diferente y mucho más poderosa...

Así que, en lugar de decir:

*¿Qué pasa si publico este libro y a la gente no le gusta?*

Me pregunto a mi misma: *¿Y si publico este libro y a la gente le encanta?*

Otros ejemplos:

*¿Y si llamo a este cliente potencial ahora mismo y lo compra? ¿Qué sentiría?*

*¿Y si mando la solicitud para ese trabajo y lo consigo? ¿Qué sentiría?*

*¿Y si trabajo menos y gano más dinero? ¿Qué sentiría?*

Por cierto, también puedes utilizar esta mentalidad basada en el amor (tu mente es un motor de búsqueda) para mejorar otras áreas de tu vida:

*¿Y si hago esta dieta y me encanta?*

*¿Y si bebo esos batidos todos los días y mi piel se ve genial?*

*¿Y si dejo de beber y sigo divirtiéndome al salir?*

Este es el primer paso. Cambia tu mentalidad de mensajes basados en el miedo a mensajes basados en el amor. Imagina la escena en tu mente y siéntelo de verdad. Una mentalidad basada en el amor te conectará con las ideas correctas, te guiará.

Te impulsará a emprender acciones decididas e inspiradas en consonancia con tu visión.

Siempre que medites, céntrate en tus pensamientos y déjalos estar. Si detectas algún pensamiento negativo que intente desviarte del camino, asegúrate de convertirlo en un pensamiento positivo.

Puedes buscarte mentalmente en Google con una "historia de éxito" al final de la frase de búsqueda. O bien, puedes buscarte en Google con "por qué no ha funcionado". Depende de ti.

Y lo curioso es que, te centres en lo que te centres, tu mente encontrará las pruebas en su motor de búsqueda. Entonces, ¿qué tipo de pruebas vas a buscar?

No tengas miedo de sumergirte en lo negativo, pero asegúrate de que no sea un hábito. Si te sumerges en lo negativo, es solo para permitir que estos patrones erróneos salgan a la superficie y luego eliminarlos rápidamente sustituyéndolos por pensamientos positivos.

Después, sí, céntrate en lo positivo. Y te sentirás tan bien, ¡te sentirá tan libre!

*Ah, pero, ¿qué pasa si empiezo a transformar mi mentalidad y a cambiar mi personalidad, y la gente piensa que soy un bicho raro?*

Sí, esos pensamientos negativos, basados en el miedo, una vez más. Nada de lo que avergonzarse. Yo también los tengo, y entonces uso el proceso que compartí contigo arriba para cambiar la dirección de mi búsqueda.

*¿Qué pasa si la gente se enamora de la persona en la que me estoy convirtiendo y se inspira en lo que hago?*

*¿Qué pasa si más personas cambian a una mentalidad basada en el amor, y transformamos el mundo en un lugar más feliz y más abundante?*

*¿Y cuál es la mejor manera de cambiar el mundo? ¿Podemos incluso cambiarlo?* Bueno, mi humilde opinión es que primero debemos cambiarnos a nosotros mismos. ¡Es lo más difícil de hacer!

No es fácil convencer a nuestro subconsciente de que cambie. Pero céntrate en el proceso, que ya has empezado. Además, estoy bastante segura de que en los próximos meses algo cambiará en tu vida. La ley de la atracción se activará porque ahora piensas de forma diferente. Usas tu mente para encontrar soluciones, no problemas.

No tengas miedo de ser diferente, no tengas miedo de ser el primero en tu familia o entre tus amigos en crear un éxito financiero increíble. Simplemente no tengas miedo de ser un empollón espiritual o del desarrollo personal. El mundo necesita más empollones de mente abierta y con amor como nosotros. ¿Y adivina qué? Muchas personas se sentirán inspiradas.

Sé muy consciente de tu tiempo en línea y fuera de línea. Sé un empollón, sé un bicho raro. Y si echas un vistazo a lo que hacen los demás, en la mayoría de los casos, no es para ti.

Céntrate en ti y protege tu mente. Ahora ya conoces los mensajes basados en el amor y los que están basados en el miedo. Los mensajes basados en el miedo te dirán que no eres lo suficientemente bueno y que no puedes hacerlo. Deshazte de ellos, elimina esas hierbas malas basadas en el miedo y planta hermosas flores de abundancia basadas en el amor.

Estar en ese 1% es diferente. Y sí, a algunas personas puede no gustarles, porque están en la vieja programación, el viejo paradigma. Sin embargo, tengo buenas noticias para ti. A medida que cambias tu mentalidad hacia una más abundante, también atraerás nuevas personas a tu vida. Y esas personas te entenderán y crecerán juntos.

*Ah, pero si todos mis amigos tienen tanto éxito, ¡tendré que tener aún más éxito!*

¡Relámpagos! Otro pensamiento basado en el miedo que se rompe. Y sí. Miedo, miedo, miedo.

¿Por qué no centrarse en el amor? La abundancia y la felicidad van de la mano. Las altas vibraciones y los altos estándares van de la mano. Mantente fiel a ti mismo y a tus deseos.

# Capítulo 2: Por qué sentirse más positivo NO es suficiente para manifestar más dinero en tu vida

Ya lo he dicho antes. Estoy a favor de la positividad (¡siempre que se eliminen las malas hierbas negativas!). Pero siento que mucha gente piensa que el pensamiento positivo es suficiente para manifestar la abundancia. Sí, ¡ahora mismo me estoy dirigiendo un poco más a la gente que cree en la espiritualidad y la ley de la atracción!

Por otro lado, la gente con dinero y negocios, ya saben esto. Sin embargo, todavía me esforzaré por entretenerte con este capítulo y asegurarme de que todavía estás sacando provecho de él.

Debes actuar con la intención de hacer dinero. Necesitas combinar tu pensamiento positivo con la intención de hacer dinero, y luego llevarlo a la acción. Si todavía no tienes idea de qué pasos dar, establece la intención de que sea un estado temporal. Y sí, ¡sé positivo! Visualiza y haz los ejercicios del último capítulo para que tu mente active positivamente su motor de búsqueda.

Pero, al mismo tiempo, pasa a la acción para encontrar ideas que te ayuden a acercarte a tus objetivos de dinero.

Los pensamientos positivos SOLO son positivos si se transforman en acciones positivas. Conozco a mucha gente en la comunidad espiritual de la ley de la atracción que solo piensa positivamente y nunca les pasa nada.

Pero al mismo tiempo conozco a personas espirituales que también forman parte de esta comunidad y que ganan mucho dinero. ¿Adivina qué? Ellos combinan la atracción con la acción. Todos ellos crean productos y servicios y los comercializan.

No es que simplemente manifiesten su dinero de la nada y publiquen videos en línea por diversión. Sí, quieren ayudar a la gente, pero todos operan como negocios. Y para mantenerse en el negocio, deben ser rentables. Necesitan dinero para mantenerse no solo a sí mismos, sino también a sus equipos, empleados, etc.

También tienen que pagar impuestos. Así que, ellos no publican contenidos en línea solo por diversión. Es una parte de su negocio, y no hay nada malo en ello. De hecho, el mundo necesita más empresas y compañías positivas y edificantes que realmente quieran ayudar a la gente.

¡Trabajan, actúan y se manifiestan!

¡Añaden valor, venden ese valor y se manifiestan!

Creo que es bastante obvio, y no es mi intención ofender a nadie. Pero a veces me duele. Una lectora me escribió una vez, compartiendo cómo quería manifestar más dinero.

Le pregunté:

*Está bien, ¿y qué has hecho hasta ahora?*

Bueno, ella estaba tratando de mantenerse positiva (sin embargo, por el tono de su correo electrónico podría decir que se sentía nerviosa) y seguía visualizando, afirmando y tomando baños de sal.

Pero no estaba tomando ninguna acción en absoluto. Y lo que es peor, ¡estaba muy cerca de ser desahuciada! Como alguien que está en sintonía con la ley de la atracción y la espiritualidad, puedo decirte una cosa:

Por favor, ¡no te hagas esto a ti mismo! ¡También tienes que pasar a la acción! Alinea tu mentalidad con las actividades que generan dinero (hay un pequeño regalo extra al final de este libro, para darte algunas ideas prácticas sobre la "manifestación").

En el último capítulo, te di un ejemplo sencillo de cómo funciona la ley de la atracción. Básicamente, utilizas tu mente para buscar ideas, y actúas sobre ellas o si ya tienes una idea, por ejemplo, quieres escribir un libro, pero te asustan demasiado las críticas, puedes usar la ley de la atracción para reescribir tu historia y pasar a la acción. Puedes hacerlo primero en tu mente (exactamente como te lo describo en el capítulo anterior) para eliminar los bloqueos negativos que te frenan.

Entonces podrás centrarte en el siguiente paso práctico. ¿Qué tal si escribes un esquema para tu libro?

Tengo un amigo que es un entrenador de vida y de la ley de la atracción, y ha estado alrededor de la comunidad espiritual por más de 2 décadas. Me contó que él y su equipo siempre se asustan cuando leen las solicitudes de la gente. Esto fue lo que dijo:

*Algunas personas vienen a nosotros pidiendo entrenamiento, y realmente piensan que pueden simplemente visualizar y afirmar y todo sucederá para ellos. Suelen contar con que les toque la lotería. Entonces les pregunto: ¿Por qué crees que podemos ayudarte? Y ni siquiera saben lo que quieren. Esperan una píldora mágica que los haga felices, sanos y ricos de la noche a la mañana. Algunos piensan que de alguna manera podemos crear riqueza para ellos, sin que hagan ningún trabajo.*

Siempre les dice:

*Bueno, he trabajado duro para crear mi propia empresa y construir mi propio equipo.*

*Desarrollamos programas que ayudan a la gente, y los vendemos.*

*Y sí, todos también usamos la ley de la atracción. Nos mantenemos positivos y hacemos marketing consciente basado en el amor.*

*Por eso no aceptamos dinero de gente que sabemos que no podemos ayudar, y no inscribimos a clientes que no están listos para nuestros programas.*

*Todos nos dedicamos a la espiritualidad y al desarrollo personal. Pero nuestro entrenamiento está dirigido a personas que ya están siguiendo su pasión, tomando acción, y están buscando ese próximo cambio porque sienten que algo les está bloqueando para crear más éxito en sus vidas.*

Muchas personas piensan que si ganan la lotería, se resolverán todos sus problemas. Sin embargo, esta es la cuestión, las personas ricas o las personas en su camino hacia la riqueza, no cuentan con ganar la lotería. No es su única opción. Saben que hay cientos, sino miles, de oportunidades ahí fuera. Y su mente puede y les llevará hacia esas oportunidades.

No obstante, muchas personas me preguntan cómo manifestar ganar la lotería. Me da mucha pena esa mentalidad. Una vez más, es una mentalidad que se puede cambiar. No te estoy atacando ni nada por el estilo.

Por ejemplo, si te digo que fumar es una estupidez y tú fumas, probablemente te ofendas. Pero no te he dicho que seas estúpido, sino que fumar es estúpido. Y puedes deshacerte de eso. Yo también solía ser fumadora.

Honestamente creo que esa mentalidad de pensar que te mereces ciertas cosas solamente porque sí, como lo de "simplemente quiero ganar la lotería", no es la mejor mentalidad que se puede tener y es un poco infantil e inmadura.

Pero una vez más, si crees que es tu única opción y te aferras a ella por alguna razón, no pretendo ofenderte. Simplemente espero que este libro te conecte con otras opciones.

¿Cómo crees que los gurús de la ley de la atracción manifiestan su abundancia? ¿Les tocó a todos la lotería? Te dejaré con esta pregunta por ahora, y nos centraremos más en los gurús de la ley de la atracción y en cómo manifiestan la abundancia en los próximos capítulos. También haré que se te ocurran ideas de cómo puedes hacer algo similar, incluso si no quieres ser un gurú, líder, maestro, etc. Hay muchas opciones, compartiré todo lo que sé. Pero ahora, ¡volvamos a la mentalidad!

Lo sé, lo sé. Hay quienes pensaron que en este libro compartiría algunos secretos o trucos para ayudarte a ganar la lotería y así tener todo listo de por vida.

Tal vez incluso pienses:

*¿Pero qué hay de esas historias de éxito sobre personas que seguían la ley de la atracción y que ganaron la lotería con ella?*

Sí, es posible. Pero una vez más, yo no contaría con ello como tu opción principal. La pregunta es: ¿es suficiente ganar la lotería?, ¿eres capaz de conservar ese dinero e invertirlo de forma inteligente?

Las personas ricas (y las que están en su camino hacia la riqueza) piensan de forma diferente sobre el dinero, los impuestos, la estructura fiscal y todas esas cosas de las que las almas pobres no tienen ni idea. Simplemente son inteligentes con sus decisiones monetarias.

Personalmente, creo que a nivel energético muchas personas ricas podrían ganar la lotería si lo intentaran. Pero no lo hacen porque la mayoría de ellos piensan que no es efectivo y sus mentes están enfocadas en otras fuentes de creación de riqueza con un nivel de éxito mucho mayor.

Pero, energéticamente y mentalmente, pueden estar mucho más alineados para ganar la lotería que una persona que está desesperada y piensa en la lotería como su única opción para crear riqueza.

Algunas personas son capaces de elevar temporalmente su vibración y manifestar que ganan la lotería, sí, lo reconozco. Es posible. Pero la mayoría de ellos no son capaces de mantener esa vibración porque cuando consiguen el dinero, sus viejos miedos y limitaciones les gritan "Aléjate dinero que no me siento seguro contigo".

Con respecto al nivel de habilidad, muchos ganadores de lotería simplemente administran mal su dinero porque no están acostumbrados a tenerlo. Así que todo se reduce a la mentalidad. La mayoría de la gente ni siquiera se siente cómoda con 5, 10 o 20 mil dólares en su cuenta bancaria.

La mayoría de las personas no son capaces de ahorrar nada, incluso si están ganando mucho dinero en sus trabajos o negocios. Esto, ¿a qué se debe?

El gasto excesivo y la mala gestión del dinero también están guiados por el miedo. Así, puedes ganar dinero y luego perderlo. Me pasó a mí y a mi primer negocio exitoso. Alcancé mi objetivo de mayor ingreso económico, pero me quedé en el camino.

Mi mentalidad sobre el dinero era horrible. No estaba acostumbrada a ganar dinero. Así que tomé medidas de autosabotaje, y en lugar de crecer, empecé a encogerme.

Entonces me deprimí porque pensé que perdería los ingresos que tanto me había costado ganar. Y sí, los estaba perdiendo, y terminé endeudada. Entonces, lo que hice fue culpar al propio dinero y a algunos socios y clientes. Culpaba a los impuestos, a las regulaciones y a los políticos.

No me culpaba a mí misma ni a mi mentalidad. Entonces sentí aún más miedo al dinero. Entré en una profunda etapa *"hippie"*, en donde tenía pensamientos como: ¡El dinero es malo! No es espiritual, conduce a la ansiedad y a la depresión.

Finalmente, decidí reconstruirme y volví a encarrilarme. Pero en mi viaje actual, elegí centrarme primero en mi mentalidad. Estoy haciendo exactamente lo que comparto en este libro. Por eso es tan práctico. Estoy cambiando mis creencias limitantes. La mejor manera de elevar permanentemente tu vibración es cambiar la mentalidad de víctima por la mentalidad responsable e irradiar la energía de control y poder. No, no me refiero al poder sobre otras personas menos privilegiadas, ni a la manipulación. No soy fan de todo eso.

La única manipulación que tolero es la que haces sobre ti mismo y tu propia mente. Manipulación ética de la mente. Manipula positivamente tu propia mentalidad. Ahora puedes empezar a cambiar a la nueva realidad de la abundancia.

Sí, esos primeros pasos serán un poco dolorosos y te sentirás un poco incómodo. Pero no te rindas. Piensa en un niño pequeño que aprende a caminar, él sigue intentándolo, es valiente, aunque siga cayéndose una y otra vez. Crees que piensa o dice: *"Creo que caminar no es para mí, creo que me rendiré. No es para mí, no me apasiona, no tengo la habilidad para aprender a caminar. Es demasiado caro y consume mucho tiempo"*

Por supuesto que no, el niño seguirá caminando y haciendo crecer ese "músculo de la marcha". Así pues, cambiar tu forma de pensar (cambiar tu mentalidad) puede ser un poco doloroso y desafiante, pero te prometo que solo es doloroso al principio. Todo es doloroso al principio. Cualquier habilidad. Aprender un idioma extranjero es doloroso al principio. ¿Y si te olvidas de las nuevas palabras o dices algo gramaticalmente incorrecto y se ríen de ti?

Bueno, al menos estás aprendiendo. Y, por cierto, reírse de una persona que intenta dominar otro idioma es muy grosero, sobre todo si la persona que se ríe nunca ha intentado aprender otra lengua por sí misma. Nunca critiques lo que no puedes hacer tú mismo. Es un estado mental muy negativo y cínico que puede volverse en tu contra.

Así que, ¡sigue adelante! ¡Sé valiente! ¡Reclama tu poder! La mejor manera de reclamar tu poder es seguir actuando. La mejor manera de seguir actuando es combinarlo con la atracción.

Sí, visualiza el proceso y el objetivo final de lo que quieras. Y cuando lo hagas ten en cuenta lo que te venga a la mente. ¿Te sientes seguro visualizándote en tu nuevo trabajo o dirigiendo un nuevo negocio? ¿Te sientes seguro visualizándote en tu nueva casa? O quizás sigues teniendo esos pensamientos negativos:

*Creo que no es para mí, nunca llegaré allí porque no recibí educación superior.*

*En mi país, las cosas son difíciles, y el gobierno... y todo eso.*

Tienes que liberar todo eso. Soltar, dejar ir, deshacerte de eso. Primero, sé consciente, permite y acepta liberar. No te sientas culpable por tener pensamientos negativos, ya que también es bueno que te sumerjas en lo más profundo de tu subconsciente para poder dejar ir eventualmente lo que no te sirve.

Y con esa capacidad puedes seguir avanzando y diseñar tu vida exactamente como quieres. Te sentirás seguro sabiendo que tienes las herramientas que te permiten pasar al siguiente nivel. No te estoy diciendo que harás un ejercicio y luego todo se manifestará mágicamente. Es un proceso que usarás para alcanzar el siguiente nivel, luego de eso el siguiente nivel se sentirá normal, y te encontrarás con otras limitaciones mentales, y las dejarás ir también. Sigue siendo un viaje que va paso a paso.

Los millonarios y nosotros (la gente que tiene una mente de abundancia que está estudiando la riqueza y va en camino a alcanzar sus metas de riqueza) entienden el poder del proceso y de confiar en él.

Los millonarios también experimentan desafíos. Y ellos también necesitan las herramientas que les ayuden a deshacerse de sus limitaciones en diferentes áreas de la vida. Los problemas nos hacen más fuertes. Nuestras limitaciones pueden convertirse en nuestro mayor poder y activo.

Así que, basta de la mentalidad de víctima. Sé responsable y te sentirás muy bien. Como alguien que ha hecho ese cambio, también tengo que advertirte que a medida que pasas de una mentalidad de víctima a una mentalidad responsable, puede surgir algo de culpa y vergüenza, los cuales son sentimientos que debes ir liberando. Personalmente, hago mis liberaciones a través de la meditación. Simplemente establezco mi intención, me siento quieta y respiro. Luego me concentro en lo positivo.

Otra forma de liberar las emociones negativas para avanzar es mediante la técnica de liberación emocional a través del *tapping* en los puntos de los meridianos (EFT por sus siglas en inglés). No soy una experta en el *tapping*. Sin embargo, me apasiona y lo practico conmigo misma. He experimentado algunos cambios fantásticos con esta modalidad de curación. Para aprender más sobre este tema, te recomiendo que leas el libro *"La solución Tapping"* de Nick Ortner, también puedes encontrar sus vídeos en YouTube para aprender más rápido.

Lo que realmente me gusta del libro de Nick es que fui capaz de obtener resultados sorprendentes (incluso sin haber leído el libro completo). Simplemente empecé a aprender y practicar lo que el libro enseñaba. No hace falta decir que me sentí inspirada a terminar el libro para probar aún más de sus ejercicios.

Pero, para obtener mis primeros resultados con la EFT, ni siquiera tuve que saber tanto sobre el tema. Así que, una vez más, el pensamiento positivo debe estar respaldado por la acción positiva: ¡esta es la mentalidad de la abundancia!

Esa acción puede sentirse bien, y se sentirá aún mejor cuanto más profunda sea. Pero lo positivo no siempre se siente bien al comienzo porque estás saliendo de tu zona de comodidad.

Hay un concepto que se me ocurrió. Se llama "La mentalidad del yoga". Es algo de lo que me di cuenta cuando me inicié en el yoga. Nuestro profesor siempre nos animaba a estirar para sentir un poco de dolor saludable o "dolor placentero" como él mismo decía. Una vez más, practicar una nueva postura puede ser doloroso. Más adelante, al profundizar, te haces amigo de tus emociones e incluso de tus limitaciones temporales.

En nuestras clases de yoga también se nos enseña el enfoque de no juzgar, y se nos aconseja encarecidamente que no nos comparemos con otras personas y ¡Ta chán!

Una vez más, es una gran mentalidad que debes aplicar en tu viaje para manifestar más dinero y abundancia.

¿Te comparas con otras personas, lo que ellas tienen y lo tú que no tienes? Una vez más, es una mentalidad basada en el miedo. Y ya hemos acordado que una mentalidad basada en el amor es la mejor manera de manifestar más éxito, paz y alegría.

Muchas personas renuncian a sus negocios, carreras y mejores oportunidades de trabajo porque se comparan con otras personas que están más avanzadas.

*Oh, es que ellos tienen esto y aquello, ¿y quién soy yo para trabajar en mis objetivos? Me siento como un don nadie.*

Cada vez que surjan estos pensamientos, pregúntate: *¿Cómo puedo transformar la frustración en INSPIRACIÓN?*

Quizás te compraste un curso o un programa. Digamos que es de negocios, de marketing, de la ley de la atracción o de desarrollo personal.

Caramba, tal vez incluso sea de salud y *fitness* o de pérdida de peso. El facilitador del curso te pone a ti y a otros participantes del curso en un grupo de Facebook, todo con buenas intenciones. Creen en el poder de la comunidad, por lo que todos se animan a compartir sus resultados. Digamos que eres un principiante total, que acaba de empezar, y algunas personas de tu grupo tienen más experiencia, o quizás han pasado por ciertas situaciones de vida que les han ayudado a dominar su mentalidad.

Consiguen resultados más rápidos, los publican y mucha gente se inspira. La pregunta es, ¿te inspirarás o te frustrarás?, ¿cómo vas a manipular tu mentalidad y tus emociones?

Como alguien que solía comprar muchos cursos y programas en línea, he sido testigo de todo tipo de comportamientos en los grupos de Facebook relacionados con esos cursos. Este es el patrón más común:

Alguien publica sus resultados. Si se trata de un curso de negocios, suelen publicar capturas de pantalla de los ingresos y se generan tantas emociones ahí, ¡que este tema merece un libro entero!

Si se trata de un curso de desarrollo personal, manifestación o cualquier cosa relacionada con la espiritualidad, publican alguna experiencia espiritual increíble que han tenido.

Si se trata de un curso de salud y *fitness*, publican cómo esta nueva dieta les ayudó a perder peso y las fotos del antes y el después.

Y entonces el resto del grupo empezará a enviar mensajes a esa persona haciendo preguntas. Ahora, aquí vendrá la pregunta del millón.

La mayoría de la gente preguntará:

*¿Cuál es tu secreto, qué has estado haciendo?*

*¿Cuál es la estrategia?*

*¿Qué comes? ¿Cómo meditas?*

*¿Cuál es tu estrategia de marketing? ¿Cuánto gastas en anuncios?*

*Si gasto esta cantidad de dinero en mis anuncios, ¿también ganaré 6 cifras como tú?*

Toda esa gente está en trance. Un trance inconsciente. No tienen ni idea de lo que está pasando.

Las preguntas correctas deberían ser:

*¿Cómo piensas? ¿Cuál es tu mentalidad?*

*¿Y qué experiencias la formaron antes de entrar en este programa?*

La estrategia suele consistir en combinar diferentes tácticas. Por ejemplo, una persona que ha tenido tanto éxito en la pérdida de peso puede estar combinando de forma consciente el ayuno intermitente, las grasas buenas, una tonelada de alimentos de origen vegetal, los zumos y las proteínas naturales.

Muchas combinaciones pueden ser incluso inconscientes. Pero una persona simplemente sabe de forma intuitiva lo que debe hacer, basándose en su mentalidad y en las diferentes experiencias que la han formado.

Tal vez antes de unirse al programa habían estudiado diferentes dietas y probado diferentes cosas, pero luego de esto comprendieron que no hay una dieta única para todos. Por lo tanto, combinan los diferentes elementos saludables que aprendieron de todas esas dietas. Ya dominan su mentalidad y motivación. Estar sano es algo normal para ellos, necesitan comer sano. Al igual que necesitan ducharse y cepillarse los dientes.

Una persona que alcanza un éxito empresarial masivo en poco tiempo, también opera desde una mentalidad particular formada por diferentes experiencias.

Para ilustrar mi punto de vista y mostrarte cómo puedes cambiar rápidamente al amor propio sin dejar de mantener una conexión saludable con la realidad, quiero compartir algunos ejemplos de la vida real de varios de mis amigos y estudiantes.

Te contaré el ejemplo de Jerry, quien pasó muchos años sintiéndose deprimido, lo que le llevó a las drogas y al alcohol. Jerry dirigía una empresa de marketing con otros dos socios.

La empresa sonaba muy lucrativa y tenía como objetivo ayudar a las pequeñas empresas con el marketing en línea utilizando anuncios de Facebook y de Optimización de los motores de búsqueda (SEO por sus siglas en inglés). Esto ocurrió cuando el marketing en línea todavía era nuevo, y Jerry estaba muy emocionado de iniciar una empresa en ese campo.

Luego Jerry se asoció con dos socios comerciales e invirtió mucho de su dinero personal en el negocio. Tenía mucha fe en su inversión. Se sentía muy positivo al respecto, aunque su esposa se sentía escéptica y no le gustaban sus socios comerciales.

Sin embargo, Jerry tenía la visión de ganar mucho dinero, construir una casa y formar una familia. Por estas razones, decidió hacer algunos "pequeños sacrificios". Pensó que solo sería temporal y que una vez que el negocio estuviera bien montado, podría crear un estilo de vida abundante para su familia.

Se dedicaba sobre todo a las llamadas de ventas y a la atención al cliente. Al mismo tiempo, sus socios comerciales debían prestar los servicios de marketing para sus clientes. Todos los días Jerry conducía dos horas hasta la oficina y trabajaba desde allí entre diez y doce horas.

En resumen, aunque el negocio empezó muy bien, los socios se aprovecharon de la confianza de Jerry en cuanto pudieron. Se involucraron en algunas actividades ilegales, lo manipularon para que firmara algunos documentos y desaparecieron. Dejándolo con una deuda de 100 mil dólares.

Eso dejó a Jerry devastado. No solo estaba endeudado, sino que también se sentía profundamente frustrado por el dinero y el tiempo que había invertido en su negocio. Se sintió impotente y engañado. Eso le llevó a las drogas y al alcohol. Incluso su mujer lo dejó.

Más adelante, aunque Jerry consiguió rápidamente un trabajo bien remunerado, se mudó de nuevo con sus padres y empezó a pagar la deuda, seguía sintiéndose atormentado por el fracaso de su negocio.

Asistió a algunos seminarios en busca de respuestas, que no hicieron más que empeorar la situación. Uno de los seminarios estaba relacionado con la mentalidad de los ricos, y el gurú le dijo: "Oye, tú estabas allí, firmaste los documentos, invertiste ese dinero, ¡asúmelo y sigue adelante! Todo es culpa tuya".

Luego, Jerry asistió a un seminario espiritual de la ley de la atracción en donde el gurú le dijo: "Atraes lo que eres, cámbiate a ti mismo y cambiarás tu vida. No seas tan negativo, ¡estás en un lugar muy negativo y con una mentalidad de víctima!".

Y luego Jerry fue a un seminario de motivación feliz donde le dijeron: "Oye, solo sé feliz, la vida es tan increíble, ¡solo sé agradecido!".

Todo esto lo dejó confundido y decidió dejar de buscar ayuda de los gurús. En su lugar, prefirió investigar un poco y recurrió a libros y vídeos para ver lo que otras personas que habían pasado por momentos duros y destructivos, habían hecho para curarse. Recurrió a la meditación, a la física cuántica y a muchos otros campos de la autoayuda. Siguió revisando todos esos materiales (rechazando la mayoría) sintiéndose muy decepcionado y defraudado.

Un vídeo que vio le introdujo en el concepto de amor propio y de la mente subconsciente. Eso le ayudó mucho y le hizo entrar en el camino del amor propio, el cual le ayudó a cambiar su forma de hablar de sí mismo, y eso le llevó a lo que me gusta llamar "pensamiento autodirigido".

Hoy en día, Jerry tiene una próspera carrera como entrenador o coach de vida. Ahora puede comercializar muy bien su nuevo negocio. De hecho, también es un experto en ayudar a otras personas a conseguir más negocios. Tiene cuatro hijos hermosos y una esposa que lo apoya en lo bueno y en lo malo.

También tiene un equipo de confianza para su negocio y ¿Cómo lo consiguió?

Pues, todo empezó con un simple cambio de mentalidad. No dejaba de preguntarse: "¿Qué se supone que debo aprender de todo esto? ¿Cuál es el camino que debo descubrir? ¿Cuál es mi propósito? ¿Cómo puedo transformar mi sufrimiento en algo significativo?".

En lugar de decir: "¿Por qué soy un perdedor? ¿Por qué soy tan imbécil? ¿Por qué no revisé esos documentos?", cambió a: "¿Qué me dice esta situación? ¿A dónde se supone que debo ir? ¿Dónde empieza mi nuevo y brillante futuro? ¿Qué tengo que hacer para transformarme?".

Cada día le preguntaba a su subconsciente:

- ¿Cómo puedo amarme más? ¿Cómo puedo perdonarme? ¿Cómo puedo estar en paz?
- ¿Cómo puedo sentirme mejor y con más poder?
- ¿Cuál es la primera cosa que necesito cambiar?

Todas estas son preguntas de empoderamiento, y nuestra mente subconsciente es una herramienta realmente fantástica. Por favor, ten en cuenta que no hay ninguna pregunta específica que tengas que hacer, todo depende de ti. Lo importante aquí es que debes hacer preguntas positivas.

En lugar de preguntar "¿Por qué siempre me pasan cosas malas?", o "¿Por qué siempre atraigo a la gente mala?", las mejores preguntas que te puedes hacer a ti mismo son: "¿Cómo puedo atraer a la gente positiva?", y "¿Cómo puedo aprender de las lecciones fortalecedoras del pasado?".

En lugar de decir "¿Por qué todos los gurús son iguales y solo quieren conseguir mi dinero?", pregúntate: "¿Cómo puedo manifestar a una persona, a un mentor, que realmente pueda ayudarme?, ¿Dónde puedo encontrar un mentor que me entienda y me guíe en mi viaje?, ¿Cómo puedo atraer a una mujer (o un hombre) que me quiera por lo que soy y no por el dinero que gano? ¿Cómo puedo conocer a esa persona?"

Entonces, Jerry empezó a jugar con eso. Escribía sus preguntas o las decía en voz alta muy a menudo mientras conducía o en casa mientras se miraba en el espejo. Como ya te he explicado, no son mentalidades en donde piensas que tienes el derecho ganado solo porque sí. Se trata de mentalidades de amor propio empoderadoras.

Las personas que tienen una mentalidad de amor propio y de empoderamiento ganan lo que es el valor y la paciencia. Estas personas entienden que las manifestaciones profundas toman tiempo, y están bien con eso. Disfrutan del proceso y sienten que algo inesperado va a suceder. Esa fe y creencia profundas les hacen seguir adelante.

Una persona con una mentalidad de auto-derecho está muy metida en la resistencia. Al afirmar constantemente que todo gira en torno a ellos (que todo el mundo se equivoca y que lo necesitan todo lo antes posible), ponen una tensión adicional en la resistencia. De nuevo, yo también he pasado por eso, buscaba soluciones rápidas. No estoy juzgando, así que por favor interpreta este párrafo como si estuviera hablando con mi yo más joven.

Tu mente subconsciente es como un motor de búsqueda. Algunas investigaciones pueden llevar tiempo. No todos los temas que buscas en Google o YouTube te dan inmediatamente las respuestas. A veces puedes encontrar el contenido o el producto que buscabas en la página cinco, mientras que lo que apareció primero en tu búsqueda no te servía realmente. Aun así, puede haberte dado una idea y una introducción al tema.

Así que, en el caso de Jerry, empezó con preguntas empoderadoras y estimuló su "motor de búsqueda positivo". Lo hizo a la vez que se deshacía de la culpabilidad y del "Venga hermano aguántate. Tú estabas allí, tú enviaste el dinero, tú contrataste a esos estafadores, tú te asociaste con ellos. Es tu culpa". Jerry fue capaz de dar un paso hacia el amor propio.

Y sí, los hombres también merecen amor propio, y por eso estoy contando esta historia. Aunque son sobre todo las mujeres las que leen e investigan el tema del amor propio, los hombres también están invitados a explorar este campo.

El amor propio es empoderador y puede utilizarse para enriquecer tanto los rasgos femeninos como los masculinos. Me estoy saliendo un poco del tema, lo sé. Todo el mundo se merece un poco de amor propio, y este solo puede ayudarnos a dar rienda suelta a lo mejor de nosotros mismos. Funciona tanto para las mujeres como para los hombres, así que si eres un hombre que está leyendo esto, no deberías sentirte avergonzado ni deberías tener ganas de esconder este libro. Deberías sentirte orgulloso como Jerry.

Así es como terminó su historia.

Mientras Jerry seguía haciéndose esas preguntas de empoderamiento. Un día, en un viaje bastante aleatorio en el que estaba explorando una nueva oportunidad de trabajo, se le ocurrió una simple idea. Decidió que quería dejar de beber y consumir drogas.

La mayoría de la gente no sabía que tenía un problema de adicción. Después de todo, tenía un trabajo a tiempo completo en ventas. Su aspecto era bueno, como el de un ser humano normal que trabaja, no como el de un borracho sin hogar del parque. Pero todas las noches bebía en el bar, y los fines de semana recurría a la cocaína y la marihuana. Esa era su manera de aliviar el dolor. Para liberarse de la culpa y dejar de pensar en el pasado.

Así que, después de lavarse el cerebro con preguntas positivas, se preguntó "¿Y si pudiera dejar de beber? ¿Y si pudiera dejar de consumir drogas?". Su ego respondió "Venga ya, como perdedor que eres, te mereces tus caprichos. Es divertido, conoces gente y en especial conoces chicas. Tienes un buen trabajo. Pronto podrás pagar tus deudas, mudarte de la casa de tus padres y conseguir tu propio apartamento. Estás bien. ¿Por qué no disfrutar de las noches y los fines de semana?".

Pero esa voz iluminada de amor propio decía: "Pero, ¿y si pudiera dejar de beber? ¿Ahorraría más dinero? ¿Podría aceptar otro trabajo, pagar mi deuda más rápido y ayudar a mis padres?".

Había un poco de lucha interna. Un día, mientras tomaba un café, vio un anuncio de AA (Alcohólicos Anónimos), lo que le inspiró a unirse a la reunión local de AA. Resumiendo, allí fue donde conoció a su nueva esposa. Fue donde dejó de beber y consumir drogas. Fue donde decidió aceptar otro trabajo. Fue donde se inspiró para ayudar a otras personas y aprendió muchas lecciones valiosas en cuanto a la mentalidad.

Hoy en día, si le preguntas a Jerry cómo llegó a donde está (un exitoso entrenador de vida con su propio negocio basado en la pasión) te dirá: "Decidí convertirme en un entrenador de vida gracias a la inspiración que obtuve de Alcohólicos Anónimos".

"La organización de Alcohólicos Anónimos me enseñó mucho sobre la mentalidad y la autorreflexión". Pude montar un negocio con éxito gracias a las habilidades adicionales que obtuve del segundo trabajo que tenía para pagar mis deudas. Eso me enseñó mucho sobre la ética del trabajo y la disciplina, y mejoró mis habilidades de venta. Fui capaz de comercializar mi negocio gracias a las habilidades de SEO y a los anuncios de Facebook que adquirí de mi negocio pasado que falló. Aunque la mayor parte del tiempo era el trabajo de mis ex socios, muy a menudo me quedaba en la oficina hasta tarde para hacer un seguimiento de los clientes, comprobando la calidad, y eso me llevó a investigar.

Ni siquiera sabía que tenía habilidades que eran transferibles hasta que empecé mi nuevo negocio impulsado por la pasión. Resulta que mi negocio "fracasado", no había fracasado realmente.

"No estaba fracasando, estaba practicando".

"Oh Jerry, ¿y cómo aprendiste a contratar gente y a enseñar a otras personas a tener éxito?"

Jerry dijo: "Bueno, debido a ciertos socios de negocios turbios que me enseñaron una preciosa lección de vida hace unos años".

"Ah, ¿y qué hay de tu nueva esposa, Jerry?

Jerry respondió: "Nos conocimos a través de Alcohólicos Anónimos y compartimos el mismo camino, la misma meta y el mismo viaje hacia la autosanación. Construimos nuestro nuevo yo a través del poder del amor propio".

Vaya, el amor propio, ¡un concepto que te cambia la vida!

Ahora, aquí hay un ejercicio muy poderoso para ti:

Piensa en una cosa por la que estés muy agradecido. También puede ser un evento o una persona. Luego, vuelve hacia atrás. ¿Qué ocurrió antes de eso? ¿Y antes de eso? ¿Y aún antes de eso? Vuelve a un momento doloroso de hace unos años. Un momento que ya no es doloroso para ti. Si hubieras sabido lo que sabes ahora, ¿habrías sentido dolor?

Permítete liberar ese sentimiento de culpabilidad. No estabas fallando, ¡estabas practicando! Deja de decir: "Es mi culpa, tengo que aguantarme", en vez de eso sigue diciendo: "¿Qué puedo aprender? ¿Qué puedo hacer para hacerme más fuerte? ¿Cómo puedo utilizar mi dolor para ayudar a otras personas?"

Todas estas son preguntas muy empoderadoras. Recuerda que tu cerebro es un motor de búsqueda, así que ten cuidado con lo que escribes. A veces la vida es muy difícil y no logramos todos nuestros objetivos. Es justo. Nadie tiene una fórmula perfecta y algunos objetivos toman más tiempo. Pero eso siempre tiene un significado. Así que la próxima vez, cuando te compares con otras personas, cambia tu mentalidad a:

*¿Cuál fue su viaje? ¿Cómo piensan ellos? ¿Estoy dispuesto a convertir realmente la negatividad en positividad?*

El éxito es un proceso y como todo proceso tiene sus altibajos. Pero he aquí que las personas de éxito con una mentalidad excelente (como nosotros) saben exactamente cómo salir rápidamente de lo que la mayoría de la gente percibiría como negativo. Incluso sabemos cómo convertir las situaciones negativas en fuentes de motivación, para ayudarnos a generar más ingresos y abundancia.

Te mostraré lo que quiero decir en el próximo capítulo. Sé que este capítulo fue un poco desafiante y duro. Sin embargo, el siguiente será un poco más fácil.

La mentalidad es un músculo, ¿verdad? Este capítulo ha sido una sesión de ejercicios muy dura, el próximo capítulo será solo un estiramiento suave y un poco de descanso. Cualquier tipo de trabajo de mentalidad o energía que hagas, date un poco de espacio para descansar y respirar. Necesitas tiempo y espacio para interiorizar las nuevas ideas y dejar que se hundan más profundamente en tu mente subconsciente para que puedan conducirte con éxito en la dirección correcta cuando sea el momento adecuado.

Ah, y una cosa más, ya que hablamos de la mentalidad de víctima y de ser responsables de nuestro futuro. Puedo escuchar algunas voces de lectores enojados:

*Elena, ¡cómo puedes ser tan crítica! ¿Qué pasa con la gente que nace en países pobres, es realmente su culpa? ¿Pueden cambiar su mentalidad y hacerse ricos? ¡No es su culpa!*

Déjame decirte esto: sí, estoy de acuerdo contigo. Estoy totalmente de acuerdo. No escribo sobre y ni para esas personas. Para ayudar a esas personas, dono gustosamente dinero a las organizaciones benéficas pertinentes. Porque cuando alguien tiene hambre es difícil pensar en la mentalidad, en iniciar negocios, en seguir las propias pasiones, etc.

Creo que es de sentido común: La jerarquía de necesidades de Maslow.

Además, muchos críticos de la ley de la atracción señalan a los gurús diciendo que cada uno es responsable de lo que manifiesta y de lo que no manifiesta. Una vez más, todo depende del contexto.

Lo que comparto y enseño está dirigido a personas que viven en países del primer mundo y a personas que tienen acceso a los recursos necesarios y viven en lugares seguros.

Así que, por favor, ¡no me ataquen! Depende de nosotros ganar dinero y luego usar ese dinero para ayudar a otras personas que son menos privilegiadas que nosotros y necesitan nuestra ayuda para vivir una vida normal, con comida, recursos y seguridad.

Si elegimos seguir siendo pobres, no podremos ayudar a la gente de países menos privilegiados. Sí, puedes publicar fotos bonitas y motivadoras en las redes sociales. ¿Y qué? La mayoría de las personas que realmente necesitan nuestra ayuda no las verán de todos modos, y si al final lo hacen, esas citas no son comida.

Ahora, volvamos a la mentalidad de víctima, al cambio de mentalidad y a ser responsables. Mi creencia personal es que necesitamos empoderarnos para hacer todo lo que podamos, seguir accionando y trabajar en nuestra mentalidad, y ser 100% responsables de lo que sea que podamos ser responsables (nuestro mundo interior y nuestras actividades).

Esa es la energía masculina. Luego, también necesitamos entregarnos, soltar cuando sea necesario y abrirnos a la energía femenina de recibir. Así es como la acción se equilibra con la atracción.

# Capítulo 3: Por qué necesitas entrenar tu mente para que trabaje a tu favor y no en tu contra

Es muy fácil mantenerse positivo cuando las cosas van bien. Sin embargo, cuando hay algún gasto inesperado, o tienes que desprenderte de alguna cantidad de dinero, ¿cómo te sientes? Triste, enfadado, frustrado y decepcionado.

Tal vez "traduzcas" inmediatamente la cantidad de dinero que has tenido que gastar a las horas de trabajo que has tenido que dedicar para conseguirlo. Entonces sentirás que siempre estás trabajando para nada, el dinero es difícil de conseguir, y es aún más difícil de conservar. Y una vez más, la espiral negativa está en marcha.

*El gobierno y los impuestos. Todo es muy caro. El cambio de moneda y esto y lo otro.*

Esta mentalidad no parece peligrosa al principio o en el peor de los casos, puede parecer neutral. Ni buena, ni mala. Solo una mentalidad neutra: es normal, no nos gustan los gastos inesperados, ¿verdad?

*¿Y si ocurre algo terrible? ¿Y si pierdo mi dinero?* Estos son los pensamientos que acompañan a los gastos inesperados.

¿Pero qué pasaría si pudiéramos cambiarlos por algo más positivo y fortalecedor? ¿Y si pudiéramos utilizar los gastos inesperados y todo tipo de obstáculos para motivarnos a tomar acciones inspiradas y manifestar más dinero?

Por ejemplo, el mes pasado tuve que sacar 2.000 dólares de mis ahorros para reparar el techo de mi cocina. Fue un gasto inesperado, y al principio, me sorprendí pensando:

*¡Oh, no! ¡Ahora que estoy ahorrando dinero para invertir, pasa esto!*

Así que esto es lo que hice. Me permití sentirme negativa durante un par de horas. Sí, solo para liberar toda mi frustración. Cogí un papel y escribí todos los pensamientos negativos que tenía. El más negativo era: *¿y si lo pierdo todo y me quedo sin casa?*

Entonces, una vez pasadas las dos horas de negatividad, decidí darle la vuelta a todo mentalmente. La raíz de mi miedo era que podía perderlo todo y quedarme sin hogar. Aunque el primer pensamiento negativo que tuve fue: e*se era el dinero que estaba ahorrando para poder invertir. Y parte de él podría haber sido para unas buenas vacaciones.*

Así que lo que hice fue coger 100 dólares y donarlos a una organización benéfica que alimenta a las personas sin hogar. Me sentí bien e inmediatamente comencé a sentirme agradecida por todo lo que tenía, es decir, que tenía un apartamento con un techo, y tenía el dinero para arreglar ese techo.

Entonces, le pregunté a mi subconsciente "¿cuál es el siguiente paso? No tengo ni idea de qué hacer ahora. Sin embargo, tengo la intención de convertir este gasto de reparación inesperado en algo sorprendente". No tenía ni idea de qué hacer, pero sentí la energía y me abrí a todo tipo de señales provenientes del universo.

*Vale, así que en el último capítulo yo estaba utilizando mi energía masculina, y estoy segura de que algunos de mis mayores seguidores de la ley de la atracción y de las manifestaciones espirituales se sorprendieron. Y ahora, estoy entrando en la energía "cucú", y estoy segura de que la otra parte de mi audiencia (gente de dinero y de negocios) se está riendo. Una vez más, todo es cuestión de equilibrio. Atracción y acción.*

Así que me di unas horas para conectar con mi mente subconsciente a través de la meditación. Pedí ideas y orientación. No tenía ni idea de qué hacer. Pero sentía que nadaba en abundancia. El hecho de tener un pequeño apartamento en el que vivir y poder arreglar el techo y donar a la caridad me hizo sentir bien.

Recibí una guía intuitiva para ir a dar un paseo, y entonces me di cuenta: *¡esto es lo que la gente de éxito (como nosotros) debería hacer!*

Y entonces me pregunté: *¿cómo puedo convertir mis gastos inesperados en una motivación para obtener más ingresos? ¿Me pasó a mí, o para mí?*

Diablos, ni siquiera se trata del techo y de los 2 mil dólares. Lo que es más poderoso es la mentalidad que lo rodea. El simple cambio de pensamiento. El universo cree que puedes hacer más y ser más.

Así que te está probando. Te está diciendo: *oye, te estamos dando un pequeño reto este mes, porque sabemos que pediste abundancia. Y sabemos que al darte algunos gastos inesperados este mes, serás más proactiva, y encontrarás diferentes maneras de aumentar tus ingresos.*

Entonces, llamé a algunos viejos prospectos y generé un par de ventas más en mi negocio. Nada inusual. Pero antes de mi gasto inesperado en el tejado, lo dejé para más adelante y me sentí muy cómoda.

Mi mente me mantenía a salvo:

*Elena, por el amor de Dios, no llames a esas personas, ¡dirán que eres demasiado intensa como vendedora!*

Una vez más, cada persona es diferente. Y cada uno crea diversos medios para obtener ingresos, en función de sus habilidades y experiencia. Cómo manifesté esos 2.000 dólares en mi vida no es tan importante como la mentalidad que hay detrás.

No tienes que hacer exactamente lo mismo que hice yo (a menos que puedas porque tienes una lista de prospectos a los que puedes llamar y una oferta que puedes hacer). Pero intenta aplicar mi mentalidad. Cuando te enfrentes a gastos inesperados o tengas miedo de perderlo todo, intenta transformar el reto en una oportunidad.

El universo te está mostrando que eres capaz de mucho más, y por eso puedes pagar esos gastos inesperados. El universo sabe que puedes recuperarlo (e incluso obtener más dinero) rápidamente.

Seguramente has escuchado algunas historias de millonarios que, por alguna razón, lo perdieron todo y aun así se reconstruyeron a sí mismos y a sus negocios muy rápidamente (y muy a menudo ganaron aún más riqueza). ¿Cómo?

¡Mentalidad, mentalidad, mentalidad! Conocían la mentalidad que acabo de compartir aquí. Y sí, también tenían las habilidades necesarias. Pero la parte emocionante es que algunos de ellos fueron capaces de reconstruirse a sí mismos en una industria completamente nueva que requería habilidades diferentes, y gracias a su mentalidad inquebrantable, fueron capaces de adquirir esas habilidades de forma muy rápida.

Ya te he hablado de la lotería y de cómo algunas personas pueden manifestar que la ganan y luego la pierden, ya que administran mal su dinero y no pueden repetir la experiencia de ganarla nuevamente. Una vez más, todo recae en la mentalidad. Lo que realmente necesitas es una mentalidad para atraer el dinero inquebrantable, la cual puede elevar tu vibración y crear la nueva energía del éxito, casi en piloto automático. Las personas más abundantes (y las que están en proceso de crear abundancia), acaban aplicando esta mentalidad de forma inconsciente.

Así que, la próxima vez que estés pagando tus facturas o cualquier otra cosa, considéralas como una señal del universo. ¿Cómo puedes recuperarlo? ¿Y cómo puedes duplicarlo o triplicarlo?

Mantén la intención y sigue investigando diferentes formas de obtener ingresos extra. ¡Confía en que tu subconsciente te conectará con la idea correcta!

# Capítulo 4: El marketing de las 5 dimensiones y la gente que cree en el dinero espiritual - cómo los gurús de la ley de la atracción realmente hacen su dinero y lo que no quieren que sepas

Hay un patrón que veo en muchos de mis amigos y lectores, y se trata de que creen que *con solo pensar positivo, todo saldrá bien.*

Y sí, estoy a favor de la ley de la atracción y la positividad. Me encantan las cosas positivas; incluso ya te he mostrado cómo puedes convertir la negatividad en positividad. No obstante, también hay un lado oscuro. La positividad ciega puede ser negativa. El pensamiento positivo sin la acción positiva puede ser solo una ensoñación positiva; es decir, puede ponerte de un humor más feliz. Pero este es un libro sobre la mentalidad para atraer el dinero.

Entonces la pregunta es: ¿qué tipo de pensamiento puede realmente ayudarte a crear más abundancia y dinero?

Así que sí, el pensamiento positivo ciego puede ser perjudicial. En el otro lado del espectro, la negatividad consciente puede conducir a la alegría y al éxito. Así es como funciona.

Un ejemplo sencillo: hace poco hablé con un amigo mío muy rico gracias al marketing en línea. Lo curioso es que me dijo que su riqueza surgió a partir de la negatividad. Tomó acciones masivas para hacer dinero porque su antigua situación de estar quebrado era demasiado dolorosa para él. Seguía teniendo pensamientos negativos de ser viejo, enfermo y pobre. Pensamientos de que no estaba viviendo para explotar su máximo potencial. Convirtió esos pensamientos negativos en acciones positivas de una manera muy simple y directa.

Se enfadó mucho por su situación y eso le llevó a estudiar nuevas habilidades. Así que estudió redacción y anuncios pagados, y optimización de motores de búsqueda.

Podría haber dicho: *ah, pero tengo un título en idiomas, no en marketing. Y no hay puestos de trabajo, así que supongo que voy a esperar.*

¡No! Decidió volver a estudiar y aprendió nuevas habilidades que le llevaron a la abundancia.

Ya puedo oír algunas críticas:

*¡Pero Elena! ¡No todo el mundo tiene el dinero para pagar estudios de educación superior! Es caro estudiar marketing y negocios.*

Bueno, ¿adivinen qué? No gastó tanto en su educación. Cuando se trata de negocios o de marketing, todo es cuestión de conocimientos prácticos. Mientras que para algunas profesiones (médicos u otros profesionales en el área de la salud, abogados, contables, profesores de escuela, ingenieros, etc.) se requieren sin duda títulos universitarios caros, los negocios y el marketing son habilidades prácticas que se pueden aprender de la gente que ya está en el negocio. Hay mucha información gratuita o barata disponible en libros (que se pueden obtener gratuitamente en la biblioteca) y en Internet. Puedes aprender directamente de los mejores empresarios y expertos en negocios del mundo.

En la fase inicial de adquisición de nuevas habilidades, mi amigo apenas gastó nada. Estudiaba con la ayuda de libros y vídeos en línea. Luego, cuando montó su agencia y empezó a ganar dinero, pagó cursos más caros creados por expertos de gran reputación en el marketing (no todos ellos tenían un título universitario en negocios o marketing) para adquirir aún más conocimientos.

*Ah, pero entonces debía de tener mucho tiempo libre. ¿Quién tiene tiempo para estudiar?*

Bueno, tenía un trabajo a tiempo completo y también una familia. Pero todas las mañanas antes de ir a trabajar, dedicaba 2 horas a aprender anuncios de pago y redacción de textos publicitarios. Durante la pausa para comer, leía libros sobre mentalidad y negocios escritos por empresarios de éxito. Por la tarde, después de pasar el rato con su familia y relajarse un poco, volvía a dedicar 1 o 2 horas al trabajo, creando algunos anuncios y poniendo a prueba sus nuevas habilidades.

Los sábados trabajaba todo el día. Los domingos los tenía libres y los pasaba con la familia. Dejó de salir a los bares con sus colegas menos ambiciosos. Empezó a comer sano y dejó de beber para tener más concentración y energía.

Entonces, todo se alineó y ¡manifestó! Nunca culpes a la falta de dinero o de tiempo. Siempre hay un camino. Y sí, como he dicho, la mentalidad principal de mi amigo era evitar la negatividad y las circunstancias negativas tomando acciones positivas y firmes.

Sí, también meditó, visualizó y afirmó. Pidió enfoque, salud y energía porque sabía que con más energía podría trabajar y estudiar nuevas habilidades fácilmente.

Una vez que empezó a generar dinero en su negocio paralelo, comenzó a invertir parte de ese dinero en cursos más avanzados creados por personas con un historial probado. Con el tiempo, pudo dejar su trabajo, y se dedicó a tiempo completo a su propia empresa y creció a partir de ahí.

¡Eso es inspiración! ¡La acción positiva siempre vence a la negatividad!

Al mismo tiempo, he conocido a muchas personas que actúan de forma positiva y parecen positivas, pero nunca pueden manifestarse.

Verás, puedes ser positivo y tener pensamientos positivos, pero nunca hacer nada constructivo con ello. Una vez más, no hay nada malo en esto. Si tu único objetivo es manifestar felicidad y equilibrio, ¡también es genial! Sin embargo, si quieres manifestar dinero y abundancia permítete respaldar los pensamientos positivos con acciones positivas.

Por alguna razón, algunas personas eligen vivir en la esperanza, ya que son demasiado temerosas para hacer algo, están demasiado asustadas para tomar acción, y son aún más temerosas para tomar acción desde una posición de curiosidad.

No seas uno de ellos. Si alguna vez te quedas atascado, simplemente haz el ejercicio del primer capítulo de este libro. Escribe toda la negatividad y luego conviértela en positividad respaldada por una acción positiva. Empieza a hacerte preguntas que te den poder, como por ejemplo:

- ¿Qué nueva habilidad puedo aprender para conseguir un aumento de sueldo (si trabajas en una empresa)?
- ¿Con quién puedo asociarme para generar más ingresos para mi negocio?
- ¿Quién puede ayudarme? ¿A quién puedo dirigirme?
- ¿Qué puedo hacer para tener más energía para trabajar en mi negocio paralelo?
- ¿Qué patrones de pensamiento negativo puedo liberar hoy para dejar de procrastinar?

La verdadera procrastinación significa sufrimiento. Es cuando quieres hacer algo, sabes que es lo correcto para ti, y por alguna razón lo pospones. Si alguna vez te ocurre eso, significa que hay algunos bloqueos subconscientes que te frenan. Conscientemente, puede que sepas que actuar te hará feliz, pero una parte de ti (en realidad alrededor del 95% de ti, ya que se trata de tu mente subconsciente) te hace sabotear tus acciones.

Sin embargo, si solo sueñas despierto con algo y nunca llegas a hacerlo (ni siquiera es tan importante para ti) entonces no es procrastinación. Por ejemplo, yo solía soñar despierta con ser profesora de yoga. Aun así, nunca pasé a la acción, y no me arrepiento realmente, ya que no era mi camino de todos modos.

Pero si realmente quieres convertirte en profesor de yoga, tal vez ofrecer tus propios retiros y, por alguna razón, tienes demasiado miedo de pasar a la acción, profundiza en tu interior para ver qué es lo que te frena. Quizás te inspiras en otros profesores de yoga y quieres ser como ellos. No obstante, por alguna razón, nunca das el primer paso.

Bien, necesitas separar y conocer todas las capas de tu mente subconsciente. Probablemente alguien de tu entorno dijo algo negativo sobre el yoga, o una línea de trabajo similar, tal vez eras un niño pequeño en aquel entonces, y no puedes recordarlo. No obstante, todavía lo tienes presente en tu mente subconsciente.

Ya te he sugerido la EFT. Puedes aprender fácilmente los fundamentos de esta técnica viendo vídeos de YouTube para llegar poco a poco a la raíz del problema mientras liberas lo que sea que ya no te sirve. En algunos casos, ni siquiera necesitas saber qué es y qué lo causó. Únicamente tienes que tener la intención de liberarlo. Además, recuerda nuestro ejercicio diario de los primeros capítulos. Puedes desintoxicarte totalmente de la negatividad. La verdadera pregunta es:

*¿Es tu mente subconsciente positiva? ¿La desintoxicas? ¿Buscas en lo más profundo?*

La mayoría de las cosas de "solo piensa en positivo" que hay por ahí apenas arañan la superficie del verdadero desarrollo personal. Sí, puede que seamos un 5% positivos, pero el resto de nosotros, nuestra mente subconsciente, es un 95% negativa.

La pregunta es: *¿conseguiremos el dinero y la abundancia que deseamos? La respuesta es que hay que bucear en estas profundidades.*

Otra pregunta que hay que hacerse es: *¿Te da miedo hablar de dinero y contar el dinero? ¿Cómo te sientes al establecer metas financieras?*

Una vez más, no te hago estas preguntas para molestarte. Yo también solía odiar esas preguntas (cuando mi mentalidad sobre el dinero era escasa y mala. Ahora me encantan porque me recuerdan lo lejos que he llegado en mi viaje.

Pregúntate cómo te sientes al contar el dinero, al comprobar tu cuenta bancaria y al establecer objetivos financieros. Si te sientes ansioso, sigue "desmembrando esas capas de negatividad de tu mente". Pregúntale a tu subconsciente: *¿por qué me siento ansioso?*

Cuando compruebes los extractos de tu cuenta bancaria, hazlo desde un lugar de abundancia y empoderamiento. Agradece cada dólar que veas, y recuérdate que algunas personas ni siquiera tienen cuentas bancarias. Entonces, incluso si ahora mismo no estás contento con lo que ves, o te gustaría ver más (¡cómo puedes ser tan codicioso! ¡Ja, ja es broma!), comienza a preguntarte a ti mismo lo siguiente:

*¿Qué sentiría al ver lo que yo veo multiplicado por 10?*

*¿Qué sentiría al ganar lo que otras personas ganan en un mes, en un solo día?*

*¿Qué haría con más dinero?*

A continuación, realiza la siguiente afirmación en tu subconsciente:

*Es seguro para mí ganar más dinero. Es seguro para mí ser abundante. Es seguro para mí dar y compartir. Al final del día, se trata de combinar la energía masculina con la femenina.*

He estado rodeada de los dos mundos: el supermasculino, el ajetreo, el espíritu empresarial, el marketing y las ventas. Y también he estado alrededor de la espiritualidad y la ley de la atracción. La energía femenina, solo debes manifestarla, mantenerte alineado, enfocándote en lo positivo. Hacer menos y permitir más.

Me encantan ambos mundos y los combino. Todo es cuestión de equilibrio. ¿Cómo crees que los gurús y maestros de la ley de la atracción hacen su dinero? ¿Solo piensan en positivo y esperan a que se manifieste? No, tienen negocios que dirigen. Crean productos que ayudan a otras personas. Ofrecen programas, cursos y eventos. En otras palabras, también comercializan y venden.

Esto es lo que temen tantas personas en el espacio de la espiritualidad y el desarrollo personal. Se les hizo creer que todo lo que tienen que hacer es poner valor.

Y sí, esto es correcto. Todos los profesores del autodesarrollo que tienen éxito crean valor. Los negocios exitosos se basan en el valor, el valor a largo plazo. Pero los negocios exitosos también comercializan y venden ese valor. No tienen miedo de poner un precio a sus ofertas. También se centran en el dinero. Tienen equipos y contables. Tienen una estructura corporativa. Piensan en el dinero todo el día. Combinan la acción con la atracción.

Está bien centrarse en el dinero, pero mantén el equilibrio. Demasiada energía masculina, demasiada acción y ajetreo pueden quemarte. Lo sé porque he pasado por ello.

Al mismo tiempo, si tienes demasiado miedo de cobrar por tus servicios, demasiado miedo de pedir ese aumento de sueldo, demasiado miedo de empezar este negocio paralelo y cobrar por tus servicios, necesitas profundizar más. La buena noticia es que ahora entiendes cómo funciona, y creo sinceramente que tienes las herramientas para sanar tu mentalidad.

El dinero no es malo si tus intenciones son puras. Puedes ganar dinero de una manera consciente y basada en el amor. El mundo necesita más líderes positivos, dueños de negocios, profesionales y expertos.

Esto es el marketing y las 5 dimensiones de las ventas. Encuentras el equilibrio entre lo femenino y lo masculino. No hay una fórmula específica para ello, ya que cada persona es diferente. Algunas personas se apresuran demasiado.

Lo que necesitas es bajar el ritmo y hacer un trabajo de mentalidad y energía, meditar para alinearte con tus objetivos y avanzar. ¿Por qué te apresuras? ¿Están tus objetivos realmente alineados con tus verdaderas motivaciones?

Al mismo tiempo, como creyente de la manifestación, necesitas empezar a actuar y adquirir nuevas habilidades. Empezar alguna actividad y perder el miedo al marketing y a la venta. Sé que vas a ofrecer algunas cosas increíbles que cambiarán vidas, así que ¿Por qué tendrías miedo de ofrecerlas a la gente?

Incluso si no quieres crear tu propia empresa, digamos que solo quieres una carrera mejor y con más salario. Pues bien, tienes que vender tus habilidades a la empresa para la que quieres trabajar. Tienes que empezar a enviar tu currículum y comercializarte.

La fórmula sencilla es encontrar un equilibrio entre tus pasiones, habilidades, talentos y lo que tu mercado quiere y necesita para que puedas estar al servicio de los demás. A cambio de ese servicio, la gente te pagará. Esto es lo que hacen las empresas. Puedes tener un negocio consciente y basado en el amor.

Sí, algunas personas ricas no son éticas. Roban y mienten, manipulan y se aprovechan de otras personas menos privilegiadas. Pero algunas personas pobres hacen lo mismo, también roban y mienten. No se trata del dinero o de la falta de él, se trata de la persona y de su energía. Puedes elevar conscientemente tus ingresos (y tu vibración) alineándote con tu ser superior. Dándote un tiempo para aprender cosas nuevas y para crecer.

No hay fracaso. No se fracasa. Tienes éxito o aprendes. Así que no tengas miedo de probar cosas nuevas.

Pero, ¿y si no quieres ser un gurú? Bueno, hay tantas otras formas de aumentar tus ingresos...

Así que aquí tienes un pequeño extra para darte algunas ideas para pasar a la acción y manifestar más dinero. He dividido esas ideas en diferentes grupos basados en tu personalidad e intereses.

Aquí hay algunas preguntas para ayudarte a crear una lluvia de ideas:

1. ¿Quieres trabajar en línea o fuera de línea?
2. ¿Te gusta hablar con la gente o prefieres actividades más introvertidas?
3. ¿Te gusta escribir, hablar o los medios de comunicación?

4. ¿Tienes alguna pasión o habilidad que puedas enseñar a otros?
5. Si es necesario, ¿estás dispuesto a adaptarte y aprender nuevas habilidades?

Algunas ideas:

1. Si tienes habilidades que puedes ofrecer (por ejemplo, edición de vídeo, corrección de textos, redacción, informática, diseño), entra en sitios web para trabajadores independientes como Upwork.com (investiga en Internet, ya que hay muchos de esos sitios web) y crea un perfil allí. Échale un vistazo a las ofertas de trabajo que se publican y solicita las que te interesan.
2. Si te gusta hablar con la gente, considera la posibilidad de conseguir un trabajo a tiempo parcial en el sector de ventas, ya que es una habilidad excelente que luego puedes utilizar en cualquier carrera. Además, un trabajo en ventas puede permitirte obtener un ingreso extra a base de comisiones.
3. Si eres más introvertido y no te gusta hablar con la gente, pero en cambio disfrutas

escribiendo, considera la posibilidad de estudiar redacción publicitaria. Es una habilidad fantástica que luego puedes monetizar tanto dentro como fuera de Internet. Para aprender más sobre la redacción de textos publicitarios, te recomiendo leer *"Love-Based Copywriting"* (Redacción de textos publicitarios basada en el amor) de Michele PW (ya he mencionado antes este libro, fue el que inició mi despertar espiritual).

4. Si tienes una habilidad que puedes enseñar, considera crear tus propios cursos o libros en línea. También puedes crear un canal de YouTube o un blog (todo depende de si eres introvertido o extrovertido, yo soy muy amante de ir con tus pasiones y fortalezas, siempre y cuando haya gente a la que puedas servir con lo que ofreces).

5. Si te gusta escribir puedes convertirte en autor y escribir tus propios libros, o también puedes ayudar a otros negocios y empresas. Quizás alguien necesita un escritor para redactar

algún contenido para su sitio web, o tal vez necesitan un editor.

6. También hay muchas cosas que puedes hacer fuera de Internet si eres creativo. Echa un vistazo a tu zona. ¿Hay algún servicio que puedas ofrecer a otras personas? Tal vez puedas hacer de canguro de gatos o perros para la gente que se va de vacaciones. Tal vez puedas crear tu propia empresa de limpieza (sí, lo sé, no es sexy, pero veo a muchas personas espirituales con esos negocios, y realmente ven la limpieza como un acto de purificación y limpieza y están muy contentos de servir a sus clientes).

7. Si te apasiona ayudar a la gente, considera la posibilidad de convertirte en entrenador o coach. Puedes ofrecer fácilmente tus servicios en línea o fuera de línea, puedes organizar retiros y eventos.

¡Puedes monetizar tus habilidades mientras ayudas a otras personas!

Otra idea práctica es que, si trabajas en una empresa, hables con tu gerente o jefe y les digas lo siguiente:

*Me gusta mucho trabajar aquí y me encantaría añadir más valor a su empresa. Además, estoy dispuesto a aprender nuevas habilidades para ayudaros aún más. ¿Alguna sugerencia sobre lo que debería aprender para ayudarlos a ustedes y a su empresa a crecer?*

Si vas a enviar nuevos currículos, escríbelos siempre después de haber investigado a profundidad la empresa en la que quieres trabajar. Céntrate en el "usted y su" mucho más que en el "yo, hombre yo, y yo, y mi graduación, y mis objetivos". En lugar de hablar de ti mismo, habla de ellos (y a ellos) y de cómo tú (y tus habilidades) puedes ayudarles.

Debes tener una intención sincera de ayudar a la empresa en la que quieres trabajar y, cuando solicites el puesto, asegúrate de que entiendes sus necesidades, valores y objetivos.

# **Palabras finales**

Elimina el apego emocional al dinero: ¡dona parte de tu dinero a alguien solo porque quieres hacerlo!

¿Recuerdas cuando mencioné que había donado 100 dólares a una organización benéfica (después de un gasto inesperado de 2.000 dólares) y que eso, de alguna manera, me alineó con nuevas acciones e ideas?

Estaba compartiendo esta historia con una amiga que es un poco negativa. ¿Y qué dijo ella?

*Oh, sí, pudiste hacerlo porque tenías ese dinero ahorrado. Si no, no habría funcionado tan bien.*

Y le dije que no se trata de esa donación de 2.000 o de 100 dólares. Se trata de la mentalidad. Digamos que no tenía esos 2.000 dólares en mis ahorros. Bueno, yo pagaría con mi tarjeta de crédito. Y digamos que no tenía esos 100 dólares para donar generosamente a la caridad. Una vez más, para mí, en esta etapa, 100 dólares no es algo a lo que estoy emocionalmente apegada.

No importa. Podría haber sido 1 dólar. Todo es cuestión de la energía que hay detrás. Entonces, digamos que pago las reparaciones del techo con mi tarjeta de crédito. Entonces le preguntaría a mi mente subconsciente cómo puedo pagarlo lo más rápido posible porque para mí no es aceptable estar en negativo.

Mi cuenta bancaria tiene que ser positiva y crecer. Así que la mentalidad es siempre la misma: *¿cómo puedo convertir este gasto inesperado en una motivación para ganar más dinero?*

Digamos que no podía permitirme esos 100 dólares gastados en la caridad. Digamos que era mi dinero para comprar comida o pagar la gasolina. Vale, de acuerdo. Habría dado solo 1 o 2 dólares a una persona sin hogar.

La energía y la mentalidad lo son todo. No me preguntes qué hago, ¡pregúntame cómo pienso!

Sé un poco despreocupado con el dinero, dale propina a la gente y alégrate de pagar impuestos. Cuando des propina a la gente o dones dinero, haz lo que puedas, pero hazlo con buena energía.

Simplemente, siéntete bien con ello. Imagina que 100 lectores de este libro dan 2 dólares a una persona sin hogar. Vaya, en total, ya son 200 dólares de donaciones colectivas.

El dinero es bueno, el dinero puede ayudar, el dinero no es malo.

Eres un ser humano hermoso, inteligente y generoso, y sé que usarás la información que encontraste en este libro para tu mayor bien, para que otros también puedan beneficiarse de tu transformación.

Invertir en ti mismo también es dar dinero. Ayuda a eliminar la resistencia y el apego emocional a él. Así que no tengas miedo de aprender una nueva habilidad. Sin embargo, recuerda que debes hacerlo desde un lugar de amor y empoderamiento. Algunas personas se unen a cursos o programas desde un lugar de frustración y desesperación, y piensan lo siguiente:

*Voy a pagar a este gurú y me van a cambiar la vida. Ahora son responsables de mí y de mi vida.*

Si algo sucede, culparán al gurú.

Y sí, en algunos casos, algunos programas no cumplen su promesa. Por desgracia, no todo el mundo se dedica con pasión al marketing basado en el amor, los negocios y la creación de productos.

Yo también he hecho algunas malas inversiones. Pero, ¿adivina qué? Siempre utilicé esas experiencias como un aprendizaje. Ahora, cuando compro un curso o un programa, lo hago con una mentalidad 100% responsable. Pago por la información, el entrenamiento y la orientación. Pero entiendo que todo depende de mí.

Nadie puede cambiar tu vida por ti. Puedes aprender de otras personas, y te animo a seguir aprendiendo y a seguir invirtiendo. Pero tú eres el único que puede cambiarte a ti mismo. Por último, cuando hables de gente rica...

Inclúyete en ese grupo. Tomate a ti mismo como rico y exitoso. ¡Sé que ya lo eres! Amplía siempre tu mentalidad. Tienes que seguir creciendo y espanderte. No sé si te has dado cuenta, en mis capítulos anteriores he utilizado expresiones como:

- La gente rica y la gente en camino a la riqueza.

- La gente rica y exitosa como nosotros.

Una vez más, tener dinero no tiene por qué excluir a la espiritualidad. Puedes usar el dinero para ayudar a otras personas, y la espiritualidad consiste en ser mejor persona y ayudar a los demás.

# Alinéate con el servicio a los demás

Entrena a tu mente subconsciente para que disfrute de tu vida de forma que consigas lo que quieres.

Además, deja de disculparte por lo que has ganado, lo que tienes y lo que quieres. Para mí fue algo muy importante, porque solía juntarme con gente que me juzgaba por mis objetivos financieros. Y por alguna razón, para esas personas, el hecho de ser mujer les daba aún más razones para juzgarme.

Si tienes una pareja a la que amas, se lo contarías a todo el mundo, ¿no?, ¿te sentirías avergonzado?

Eres rico y abundante. Te encanta lo que haces y ganas un dinero increíble haciéndolo. Todos tus amigos están en la misma situación. Os reunís y habláis de vuestros proyectos y de vuestro dinero, y nadie se queja.

¿Imaginas lo bien que se siente? ¡Esta es tu realidad ahora!

Yo creo en ti. Eres un ser humano maravilloso. Estoy aquí para apoyarte.

Antes de que te vayas, necesito tu ayuda. Solo te tomará unos minutos de tu precioso tiempo. Si te ha gustado este libro, ¿podrías dejarme una breve reseña en Amazon?

Muchas personas de nuestra comunidad se beneficiarán de tu reseña, y puede que incluso les inspire a empezar a practicar las técnicas de transformación profunda de la ley de la atracción descritas en este libro.

¡Gracias! ¡Gracias! ¡Gracias!

Te deseo lo mejor en tu viaje,

Con mucho amor,

Elena

www.LOAforSuccess.com

elena@LOAforSuccess.com

www.loaforsuccess.com/newsletter

www.ingramcontent.com/pod-product-compliance
Lightning Source LLC
Chambersburg PA
CBHW070424220526
45466CB00004B/1526